NOTE

SUR LA DALLE FUNÉRAIRE

D'ÉTIENNE QUARRÉ

DE CHATEAU-REGNAULT,

Comte d'Aligny,
Grand Bailli de la Noblesse du Charollais, etc.

Par Charles AUBERTIN

Ex-Conservateur du Musée archéologique de Beaune.

BEAUNE

Ed. Batault-Morot, Éditeur, rue St-Etienne, 7.

1875.

NOTE

Sur la Dalle funéraire

D'ÉTIENNE QUARRÉ

DE CHATEAU-REGNAULT,

Comte d'Aligny, Grand Bailli de la Noblesse du Charollais, etc.

Les visiteurs du jardin de l'Hôtel de Ville de Beaune peuvent y voir une tombe plate, d'assez grande dimension, ébréchée au sommet, et ayant conservé, sauf la première ligne, l'inscription suivante qu'entoure un encadrement :

. . . .
QUARRÉ DE CHATEAU
REGNAULT COMTE
D'ALIGNY GRAND

BAILLI DE LA NOBLESSE DU CHAROLAIS CH^{er} DE SAINT LOUIS ANCIEN CAPITAINE AU REGIMENT DE SOUVREY INFANTERIE DÉCÉDÉ LE 6 NOVEMBRE 1783 AGÉ DE 83 ANS. PRIEZ DIEU POUR SON AME.

Au bas apparaissent des traces d'armoiries qu'un martelage a rendues indéchiffrables. (1)

*
* *

Ce monument est l'un des rares souvenirs qui nous restent de l'église de la Magdelaine, détruite, ainsi qu'on le sait, en 1795. Quand les matériaux

---

(1) L'écusson devait porter: *Échiqueté d'or et d'azur, de quatre pièces au chef d'or, chargé d'un lion léopardé de sable, armé et lampassé de gueules.* On retrouve encore ces armes avec une légère variante : *Chargé d'un lion passant.* etc.

La divise des Quarré était: *Quadrati æqualis, undique recti.* Ou bien: *Quadrati semper æqualis, undique recti.*

Cf. *La Noblesse aux États de Bourgogne,* par MM. J. d'Arbaumont et H. Beaune. 1864.

de l'église furent dispersés ou vendus, la tombe dont la description précède subit ce dernier sort et fut enclavée dans la muraille d'une habitation du faubourg, où elle resta jusqu'en 1848. On prit soin, à cette époque, de la déposer au cimetière Saint-Jean. L'initiative d'une mesure aussi louable appartient à la municipalité. Il est à regretter que de pareils ordres n'aient point été donnés, en 1840, à l'endroit de certaines pierres tumulaires, d'une valeur vraiment historique, qui furent *utilisées,* comme passerelles, sur les fossés du boulevard Saint-Nicolas. (1)

Vers la fin de 1866, la Société d'histoire et d'archéologie obtint aisément l'autorisation de faire transférer au musée la tombe de Quarré d'Aligny de Château-Regnault. Elle y est arrivée le même jour que celle du commandeur Mathieu de Berbisey (2), qui gîsait aussi à l'abandon au milieu des herbes

---

(1, 2) Cf. Note sur la Chapelle des Chevaliers de Malte, 1874.

du champ de repos. En 1871, toutes deux ont été placées au jardin de la Mairie avec plusieurs autres débris de sculptures, provenant principalement des églises et monastères supprimés pendant la Révolution.

Rien n'est à dédaigner dans l'histoire locale, ou plutôt dans l'histoire intime d'une cité. Aussi, le but des notices particulières est-il d'exposer au grand jour de la vulgarisation certains faits, ou, — si l'on aime mieux, — certains détails qui n'ayant jamais pu, à raison de leur valeur secondaire, trouver place dans des œuvres plus importantes, sont demeurés inconnus ou sont tombés dans l'oubli.

Étienne Quarré de Château-Regnault, comte d'Aligny, appartenait à une famille dont tous les recueils biographiques de notre province citent l'ancienneté et l'illustration (1). Il était fils de Pierre Quarré de Château-Regnault, seigneur d'Aligny, Fétigny, Juilly-les-Arnay, Magnien, La Chaume, Vaublanc et Mimande, brigadier des armées du Roi, chevalier de Saint-Louis, et de Colombe d'Anstrude. On ignore s'il vint au monde au château d'Aligny, dans le Nivernais, ou à Juilly-les-Magnien, près d'Arnay.

Ayant quitté de bonne heure l'armée où il avait obtenu le grade de capitaine et la croix de Saint-Louis, il était entré en 1736 aux États de Bourgogne. Dès 1723, il avait reçu, comme son

---

(1) L'origine en remonte à Huguenin Quarré qui épousa en 1290 Guillemette de Melun. Son petit-fils, Jean, sommelier du duc Jean-sans-Peur, fut fait prisonnier avec ce prince, à la bataille de Nicopolis. Il fut anobli par lettres de 1412.

Les Quarré ont fourni dix-sept membres au Parlement, des chevaliers de Saint-Louis, des Grands Baillis d'épée, des chevaliers de Saint-Lazare, et des officiers de tous grades dans les armées.

Cette famille, qui s'est divisée en plusieurs branches, subsiste encore honorablement, ainsi qu'on le sait, dans les départements de la Côte-d'Or et de la Nièvre.

père, le titre de Grand Bailli de la noblesse de Charollais (1). Sa carrière se termina paisiblement à Beaune, au faubourg Magdelaine, dans une petite maison située près de l'église. Il y mourut le 6 novembre 1783, à l'âge de 84 ans, étant né le 16 mars 1699.

Le registre de la paroisse contient à ce sujet la mention dont suit la teneur :

« Le sept novembre 1783 Messire Etienne Quarré d'Aligny de Chateau Renaut Chevalier de St Louis Grand Bailly de la noblesse du Charolois, mort d'hier muni des Sacremens de Pénitence et d'Extremonction agé de 83 ans a eté inhumé sous le portail de

---

(1) Le titre honorifique de Bailli ou Grand Bailli se conférait aux commandeurs de l'Ordre de Malte et même aux simples chevaliers, ce qui leur donnait le droit de porter leur décoration de la même manière que les Grands Croix.
Plusieurs membres de la famille d'Aligny furent honorés de cette dignité et purent, parait-il, la transmettre à certains de leurs descendants, bien que ceux-ci n'appartinssent pas à l'Ordre religieux et militaire qui eut un siège de commanderie à Beaune.

l'église en présence de Messieurs Etienne Alexandre Quarré d'Aligny curé de St Nicolas, son fils, M^r le chevalier de Saux chevalier de l'ordre militaire de St Louis, ancien capitaine au Corps royalle-artillerie, Mr Chorier aussy chevalier du même ordre, ancien Capitaine Commandant au régiment de Saxe, Mre Jacques Claude Benigne Berbis de Corcelle licentier de Sorbonne Chanoine de l'insigne église de Beaune son parent, et Vincent Gaspard le Blanc d'Ambonne l'aîné. »

Signé: « Quarré d'Aligny P^{re}, Berbis de Corcelles, le chev. de Saux, Chorier, Leblanc l'aîné, Charbonnier, P^{re}. »

*
* *

Le noble vétéran avait épousé, vers 1740, Marie-Modeste Damoiseau, fille de François Damoiseau, écuyer, chevalier de Saint-Louis, seigneur de Colombier, Chaudenay-la-Ville, Nantoux et autres lieux. De ce mariage étaient issus quatre enfants, savoir : Flore-Étiennette (1743), Louise-Gabrielle (1746), Étienne-Alexandre (1751), et Louis-Fortuné (1759). Les deux filles prirent le voile; l'aînée était supérieure de la Visitation de Beaune en 1791, et la seconde religieuse à Saint-Cyr (1).

Étienne-Alexandre entra dans les ordres, fut pourvu de la cure de Saint-Nicolas, puis de celle de Bligny-sous-Beaune, et résigna ses fonctions pendant la Terreur. De même que pour ses sœurs, nous ignorons le lieu et la date de son décès. Beaucoup d'entre nous ont encore connu leur dernier frère, M. Louis-Fortuné Quarré de Château-Regnault, plus communément désigné sous le nom de *comte d'Aligny*, mort sans descendance à Arnay-le-Duc, il y a un peu plus de trente ans. M. d'Aligny avait servi

---

(1) Ces renseignements, assez difficiles à trouver, sont dûs à l'obligeance de M. A. Albrier, membre de plusieurs sociétés savantes, à Sivry-les-Arnay.

sous Louis XVI avec le grade de capitaine d'infanterie. En 1815, il commanda la garde nationale d'Arnay-le-Duc, où il s'éteignit dans son hôtel patrimonial le 22 juillet 1844, à l'âge de quatre-vingt-cinq ans.

* * *

L'histoire de la maison Quarré d'Aligny ne rentre pas dans le cadre de ce travail. Tout ce que nous pouvons dire c'est que le vieil officier, dont les restes mortels ont reposé si peu de temps sous le portail de l'église de la Magdelaine de Beaune, se recommande tout spécialement par son père et par son frère à l'attention de la postérité. Dans une patrie comme la nôtre, les services les mieux appréciés sont ceux rendus à la pointe de l'épée.

Ainsi qu'il l'a été dit tout à l'heure, son père, Pierre Quarré d'Aligny, seigneur de Juilly, gouverneur de Pierre-Châtel d'Autun, Grand Bailli de la noblesse du Charollais, fut brigadier des armées du Roi et chevalier de Saint-Louis de la première promotion. Quarante années de campagnes sous les grands généraux de Louis XIV justifient le grade et la décoration dont il fut revêtu. Courtépée dit qu'il a laissé sur les faits de guerre auxquels il prit part comme officier-général des « mémoires manuscrits qui mériteraient d'être imprimés. » Il était né à Aligny (1) en 1642 et mourut le 27 février 1730.

Pierre Quarré d'Aligny avait épousé en premières noces, avant Colombe d'Anstrude, Philippe-Guillemette Bernard de Montessus de Rully. Une inscription sur marbre est consacrée à leur mémoire et indique leur sépulture dans l'église paroissiale de Magnien-les-Arnay.

M. PIERRE QUARRÉ Cte D'ALIGNY SG^r DE JUILLY BRIGADIER DES ARMÉES DU ROI GOUVERNEUR

---

(1) Commune de Montsauche (Nièvre).

DE PIERRE CHATEL D'AUTUN GRAND BAILLY DE LA NOBLESSE DU CHAROLAIS CHEVALIER DE L'ORDRE MILITAIRE DE St LOUIS NÉ A ALIGNY EN 1642 INHUMÉ LE 28 FEVRIER 1730.

D^e PHILIPPE GUILLEMETTE DE MONTESSUS DE RULLY EPOUSE DE Mr PIERRE QUARRÉ Cte D'ALIGNY NÉE A RULLY LE 30 AOUST 1656 INHUMÉE LE 26 OCTOBRE 1686. (1)

Sans être arrivé dans la carrière des armes à des honneurs aussi éclatants que son père, le frère de l'officier, dont nous avons relevé la tombe, a conquis l'auréole d'une gloire non moins pure et non moins rayonnante. Le nom de Philippe Quarré d'Aligny, mort à Arnay-le-Duc, *Doyen des officiers de France*, reste, à raison de ce titre, impérissable dans nos contrées.

---

(1) Rien ne révèle le lieu ni la date du décès de Colombe d'Anstrude.

Bien que les renseignements qu'on va lire n'aient rien d'absolument inédit, — surtout pour nos compatriotes arnétois, — il y a lieu néanmoins d'espérer pour ces simples détails la faveur d'un bon accueil.

Philippe Quarré était né du premier mariage de Pierre avec Philippe-Guillemette Bernard de Montessus. Destiné à l'armée, comme tant de membres de sa famille, il avait gagné rapidement le grade de capitaine. Une grave blessure, — la perte d'une jambe à la bataille de Malplaquet, — l'avait condamné, dès 1709, à une retraite anticipée, avec la croix de Saint-Louis. Il s'était fixé à Arnay-le-Duc, où il mourut, plein de jours, le 7 février 1776, dans la quatre-vingt-treizième année de son âge.

Son acte de décès est ainsi conçu :

« Le septieme jour du mois de fevrier mil sept cent soixante et seize est decedé à l'age d'environ quatre vingt douze ans après avoir reçu les sacremens de l'Eglise messire Philippe Quarré d'Aligny seigneur de Jully et autres lieux, cy devant Capitaine au regiment de Perrin (1) infanterie pensionnaire du Roy, demeurant à Arnay le duc depuis plusieurs années et le lendemain après avoir été presenté a l'église parroissiale de St Laurent d'Arnay le duc il a été conduit a la parroisse de Magnien ou il avoit choisi sa sepulture et la remise en a eté faitte sur les limites de la parroisse a M. le Curé de Magnien par moi soussigné Curé d'Arnay le duc en présence de messieurs Jean Claude Testot, Jean Testot et Pierre Lambert pretres mepartistes de l'église parroissiale et de messire Jean François d'Albissy ancien Major du regiment Dauphin cavallerie, M. Louis Moingeon officier d'infanterie gouverneur de Cuisery demeurant audit Arnay le duc et plusieurs autres soussignés. »

---

(1) D'autres relations disent au régiment de Noailles.

Cette pièce annonce que l'héroïque dépouille fut transportée à l'église de Magnien; un autre acte, tiré des registres de cette paroisse, donne quelques détails sur la cérémonie des obsèques :

« L'an mil sept cent soixante et seize le huit février a été inhumé dans le sanctuaire de cette église haut et puissant seigneur Messire Philippe Quarré comte d'Aligny, seigneur de Juilly, Malpertuis Fontainne et autres lieux, ancien capitaine au regiment de Perrin infanterie, pensionnaire du Roy Louis quatorze de deux pensions, décédé la veille en son hostel a Arnay le duc, munis des sacremens, agé de quatre vingt douze ans et cinq mois, levée faitte du corps par nous soussigné Curé sur les limites de la paroisse lieu dit sur le paquier du Poirier des Sauces a la borne de la Justice de la seigneurie dudit Jully au chemin tendant de Magnien a Arnay le Duc, ou il a été conduit par le clergé de la paroisse dud. Arnay et a nous remit pour etre le convoys amenné en notre ditte église ou sepulture en a été faitte, en présence de Jean François d'Albissy major de cavallerie chevalier de l'ordre royal et militaire de St Louis, de Denis Julien Lambert Hernoux officier d'infanterie, de Julien François Lavirotte off^r d'infanterie, de Laurent Bonnard du Coudray garde du corps du Roy, de Pierre Bonnamour officier d'infanterie, de Guillaume Lambert garde du corps du Roy et Claude Moingeon off^r d'infanterie. »

Signé : « Lavirotte — Lambert Hernoux — d'Albissy — Moingeon off^r — Du Coudray, garde du Roy — Bonnamour — Lambert fils — Lablatinière curé de Magnien. »

Sur l'un des piliers de l'église du village on lit, gravée sur une plaque, cette courte et modeste épitaphe :

PHILIPPE QUARRÉ Cte D'ALIGNY
S^{gr} DE JUILLY CHEVALIER DE
L'ORDRE MILITAIRE DE St LOUIS

ANCIEN CAPITAINE D'INFANTERIE

NÉ A JUILLY LE 15 OCTOBRE 1683

INHUMÉ LE 7 FEVRIER 1776.

*
* *

Un ancien officier arnétois, M. J. F. Lavirotte, a laissé sur ce glorieux débris des armées royales une note écrite au moment de sa mort et qui a trouvé place dans un livre local dû à l'esprit patriotique et investigateur de son fils. (1)

---

(1) *Annales de la ville d'Arnay-le-Duc en Bourgogne*, par J. P. C. Lavirotte, chevalier de l'ordre de la Légion d'Honneur, ancien officier au corps royal d'Etat-Major, inspecteur des finances de première classe. Avec dessins lithographiés par Ch. de Saint-Gérand, 1837.

Ce docte et vénérable historien est décédé, presque nonagénaire, à Autun, en 1859. Ses restes reposent à Champignolles-les-Hospitaliers.

Son père, M. J. F. Lavirotte, chevalier de Saint-Louis, à qui on est redevable du récit des derniers instants du doyen des officiers de France, avait terminé sa carrière à Arnay-le-Duc, en 1815.

« On doit dire de M. de Juilly que c'étoit un très digne homme à tous égards et qui eût fait un très grand chemin s'il n'eût été arrêté à son début dans le métier de la guerre par une glorieuse mutilation. Il vient de mourir ce 7 fevrier 1776 à la suite d'un hiver extrêmement rigoureux et lorsqu'on avoit l'espoir de lui voir achever son siècle. Avant de rendre le dernier soupir, il sembla reprendre sa force ordinaire et en présence de plusieurs officiers qui ne le quittoient pas, dit à un ancien sergent du Régiment du Roy qui l'avoit veillé: *Tu vois ma situation; il fait grand jour, pars à l'instant et vas à Juilly en rendre compte à mon fils.* — Que lui dirai-je, demanda le Sergent. — *Dis-lui que je graisse mes bottes pour prendre le chemin de l'Eternité.* — Regardant par la fenêtre, ce Sous-Officier hésitoit à partir en disant: *Mais, M. le comte, il pleut à verse.* — *Morbleu!* répartit notre vieux Guerrier, *est-ce qu'un soldat qui a passé des nuits au bivouac et a été aux coups de fusil doit s'arrêter pour un peu d'eau ?* Le Sergent confus se décida à se mettre en route. Mais le vieillard le voyant tourner le dos s'écria en levant les yeux au ciel et avec ce ton militaire qu'il conserva jusqu'au dernier moment: *Mon Dieu, il ne faut pas être surpris qu'avec de pareils b.... nous ayions été battus à Malplaquet, car son régiment y étoit.* Alors, résigné au trépas, il attendit avec fermeté la mort qu'il reçut bientôt avec un sang froid vraiment héroïque.

« Les derniers honneurs militaires lui furent rendus par les nombreux officiers résidans à Arnay ou dans le voisinage et en présence de tous les Habitans qui le vénéroient. Son cercueil fut porté par huit sergens à l'église de Magnien où il avoit demandé à être enterré. Le Curé d'Arnay le Duc, Guy Bouillotte, en remettant la dépouille mortelle à son confrère qui vint la chercher à la limite de la ville, lui décerna ainsy les éloges qu'il méritoit :

« Le respectable Officier qui est
« l'objet de cette pompe funèbre et qui
« a désiré que ses cendres fussent réu-
« nies à celles de sa digne épouse et
« de son valeureux père est aujourd'hui
« pleuré par sa famille avec autant de
« regrets que s'il eût été enlevé à la
« fleur de l'âge. Il étoit chéri d'une
« société distinguée qui le considéroit
« comme un chef et un modèle et qui
« déplore amèrement sa perte. Dès sa
« plus tendre jeunesse, il entra dans la
« carrière des armes que lui avoient
« largement ouverte ses ayeux, dont
« l'un, il y a quatre siècles, fut fait
« prisonnier par les Turcs à la bataille
« de Nicopolis où il accompagna le fils
« d'un de nos ducs. Comme ses frères,
« il se distingua par sa valeur, dont
« il portoit d'honorables et trop affli-
« geantes marques. Jusqu'à la fin, il
« conserva cette ardeur belliqueuse,
« ce zèle pour le service de son souve-
« rain et cet amour de la Patrie qui
« caractérisent les bons François et un
« soldat du Grand Roy. Mais il con-

« naissoit aussi la fragilité de la vie
« et le néant des grandeurs de ce
« monde, et comme le Prophète, il
« s'exprimoit dans ses derniers années
« en répétant souvent: Mes jours se
« sont évanouis comme un songe et
« ma vie, quoique longue, a disparu
« comme une ombre. Enfin il puisa
« dans les principes religieux le cou-
« rage, la constance et la fermeté qui
« le soutinrent pendant sa longue in-
« firmité et aux approches de la mort
« qu'il sut recevoir en vrai chré-
« tien, etc. »

*
* *

Telle est la somme de documents qu'il nous a été possible de colliger sur le personnage dont le nom était voué, depuis longues années, à l'indifférence, si ce n'est à l'oubli. En attirant l'attention sur une simple dalle funéraire, miraculeusement échappée aux ravages du temps et des hommes, notre unique désir a été d'ajouter quelques pages à l'histoire de ce pays qu'on aime d'autant mieux qu'on le connaît mieux. Qui sait encore si nous n'avons pas voulu montrer que les monuments, confiés naguère à nos soins, nous étaient aussi chers à conserver qu'à décrire?

Beaune, imp. Batault-Morot, rue St Etienne, 7.

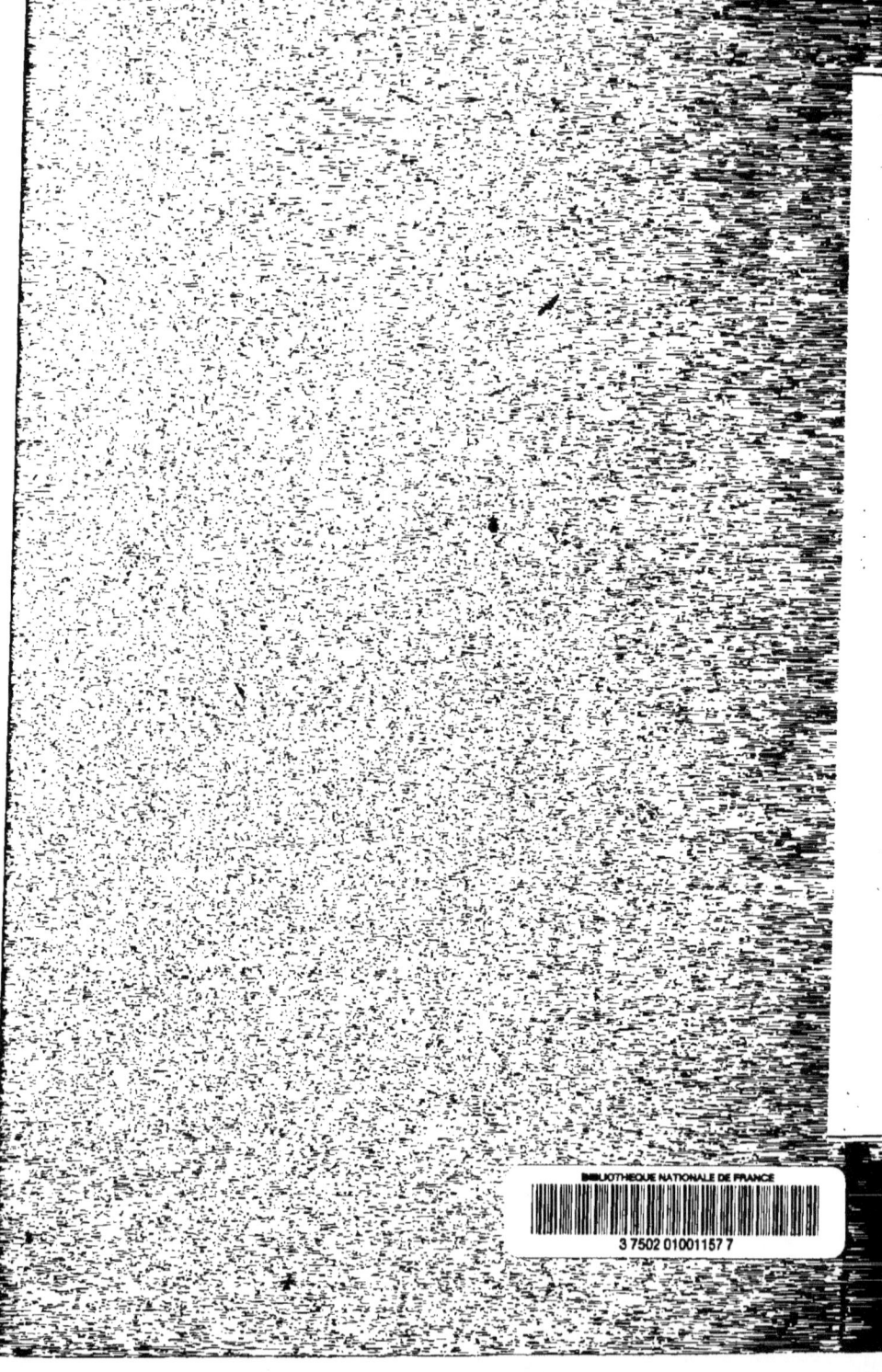

www.ingramcontent.com/pod-product-compliance
Lightning Source LLC
Chambersburg PA
CBHW060604050426
42451CB00011B/2080